Photographies : Philippe Ughetto • Stylisme : Cornelia Schilling
Illustrations de Christophe Drochon : 17, 59 • Anne Eydoux : pages 76-77, 80-81, 82-83
Olivier Hubert : pages 16-17, 20-21, 25, 27, 31, 32-33, 35, 36-37,
58-59, 61,71 • Nathalie Locoste : pages 63, 64-65, 66-67, 68-69,
72-73, 74-75 • Jean-Marc Pariselle : pages 79, 85, 86-87, 88-89, 90-91
Scènes illustrées par Claude et Denise Millet
Vignettes des colonnes illustrées par Anne Binot

Responsable éditoriale : Agnès Besson
Direction artistique : Bernard Girodroux, Anne-Catherine Souletie
Maquette : Ségolène Even

Conseillère pédagogique : Danielle Lévy

L'éditeur remercie pour leur aimable collaboration :
Carrefour • La Samaritaine • Intersport • Minibel
La Halle aux vêtements • Natalys (37, avenue du Général Leclerc 75014 Paris)
Mille Fêtes (60, rue du Cherche-Midi 75006 Paris) • Lapeyre

Conforme à la loi n° 49.956 du 16 juillet 1949
sur les publications destinées à la jeunesse.

N° d'éditeur : 10043453
ISBN : 2-09-250107-0
Dépôt légal : mars 1998
Impression et reliure : G. Canale & C. S.p.A. - Borgaro T.se - TURIN

PETIT MEGA des images

NATHAN

SOMMAIRE

Proposer un tel imagier aux tout-petits peut sembler une gageure. Ne serait-ce pas trop sérieux ? Pourtant ce sérieux-là est à mettre au crédit de l'enfant lui-même qui ne demande qu'à découvrir et comprendre le monde qui l'entoure. Pour lui, la girafe est autant sujet d'étonnement que la fourchette ou l'aspirateur et il importe de nommer aussi bien la cocotte-minute lorsque celle-ci devient objet de curiosité, que la poupée ou le cheval à bascule.

Montrer un objet ou son image, dire le mot juste qui le désigne et surtout intégrer ce mot dans des phrases permettent à l'enfant d'accéder au langage. Bien entendu le PETIT MEGA des images n'a pas pour objectif de précipiter en quoi que ce soit l'acquisition du langage chez l'enfant. On le sait, chaque enfant développe à son propre rythme ses facultés motrices et intellectuelles et il arrive que tel enfant qui parle plus tardivement que d'autres, surprenne ensuite son entourage par sa capacité à former très rapidement des phrases complètes. En effet, avant même d'être physiologiquement en mesure d'émettre des mots, l'enfant a emmagasiné un capital de mots et de syntaxe.

C'est dire le rôle du parent ou de celui qui s'occupe de l'enfant lorsqu'avec lui il feuillettera ce livre

et s'attardera sur telle ou telle image. La carte avec découpe reliée au livre lui permettra alors d'encadrer chaque image en masquant les autres pour que l'enfant en identifie mieux le contenu.

Le PETIT MEGA des images est aussi prétexte à paroles et histoires. « Sais-tu comment s'appelle cet animal ? Je vais te dire comment on nomme cet objet et à quoi il sert. Que font les personnages dans la grande image ? »

Les colonnes à droite et à gauche soutiennent l'intervention de l'adulte. Les jeux proposés dans la colonne de gauche doivent stimuler l'observation et l'aptitude à repérer, discriminer des formes ou des couleurs ou bien établir des similitudes. Les plus grands pourront dénombrer ou accéder à des notions abstraites telles que « plus » ou « moins ». La colonne de droite plus ludique s'ouvre à la fantaisie et à la poésie, monde dont l'enfant a besoin, dans lequel il s'installe d'emblée et où nous aurons plaisir à le suivre pour peu que nous laissions voguer notre imaginaire.

Danielle Lévy
Psychologue

On habille bébé

Sais-tu ce que l'on met aux pieds du bébé pour qu'il ait bien chaud ?

la brassière

la grenouillère

les chaussons
de bébé

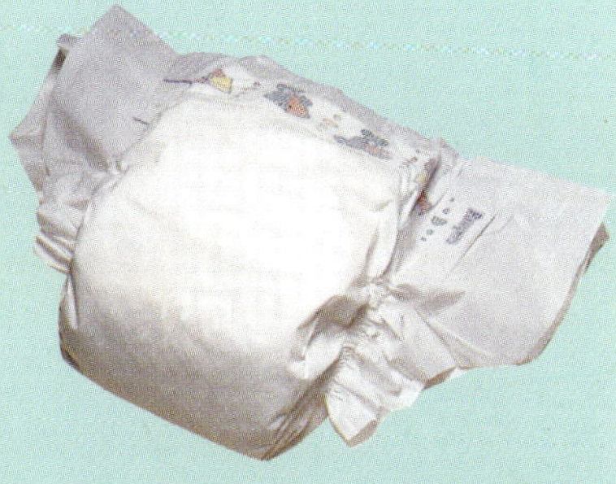

la couche

BÉBÉ JOUE, SE PROMÈNE, DORT

le hochet

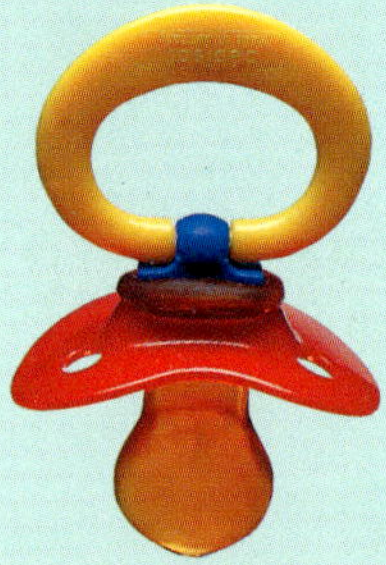

la tétine

la peluche

le mobile

Montre dans la page les jouets de bébé.

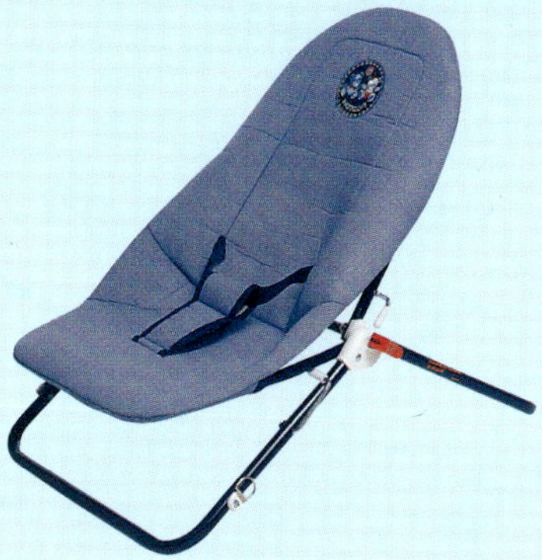

le transat

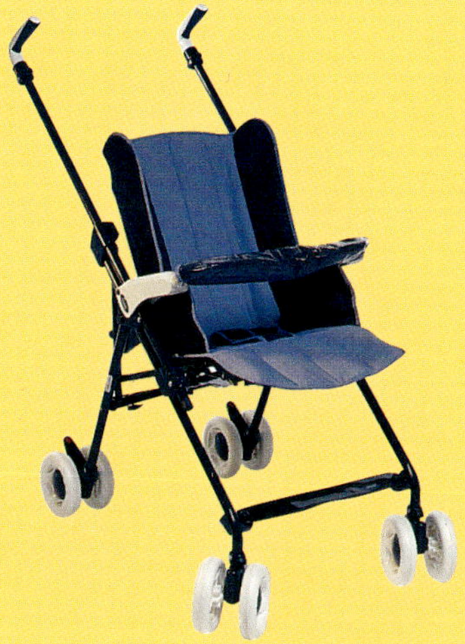

la poussette

le parc

le lit de bébé

Do, do, l'enfant do,
L'enfant dormira bien vite ;
Do, do, l'enfant do,
L'enfant dormira bientôt.

BÉBÉ MANGE

Montre dans l'image la timbale de bébé.

la chaise haute

le bavoir

la timbale

le biberon

la maison

la fenêtre

Y a-t-il plusieurs étages dans un immeuble ?

l'ascenseur

l'escalier

la boîte aux lettres

la clé

l’immeuble

la porte

Dans la cuisine

Qu'utilise la maman pour couper la viande ?

l'assiette

le verre

la fourchette

le couteau

DANS LA CUISINE

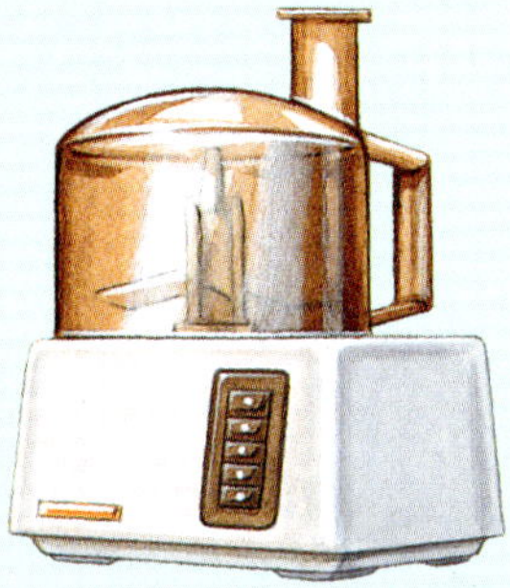

le robot ménager

la cuisinière

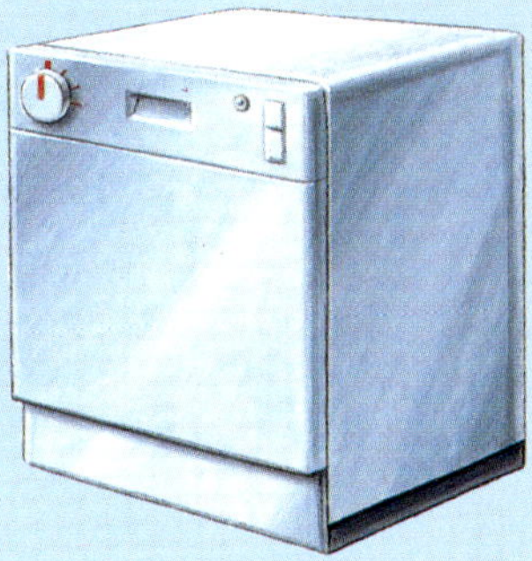

le lave-vaisselle

le réfrigérateur

Sais-tu
dans quelle machine
on met la vaisselle
pour la laver ?

le four
à micro-ondes

l'évier

la cafetière

le grille-pain

DANS LA CUISINE

Dans quoi bois-tu ton chocolat le matin au petit déjeuner ?

la petite cuillère

le bol

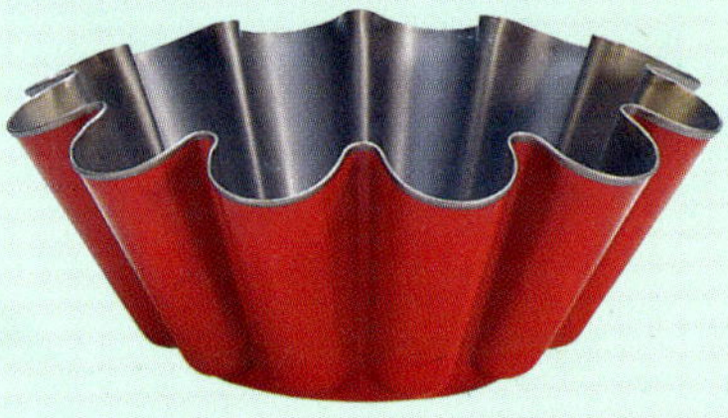

le moule à gâteau

la passoire

le plat

la cocotte-minute

la casserole

la poêle

DANS LA CUISINE

la table

la chaise

Combien y a-t-il de personnes autour de la table ?

la nappe

la serviette de table

le lave-linge

l'aspirateur

la poubelle

le balai

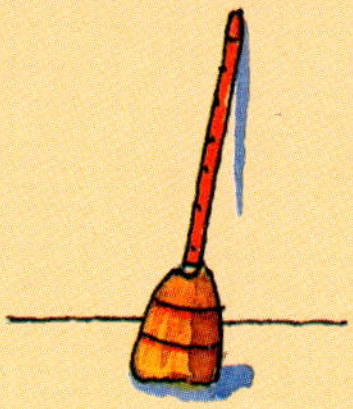

Dans la salle de bains

Sais-tu comment on vide la baignoire ?

la baignoire

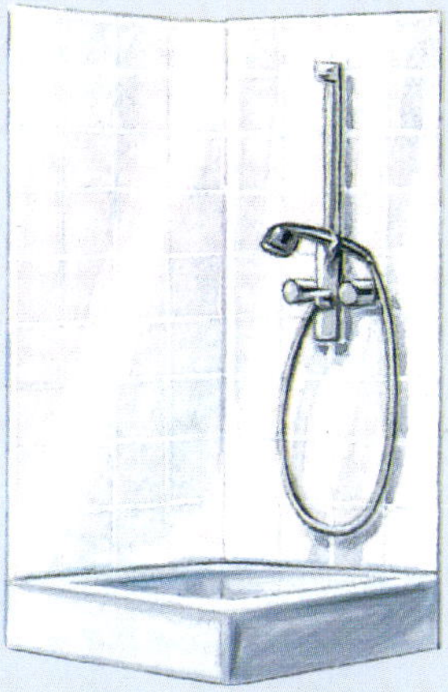

la douche

le lavabo

les toilettes

DANS LA SALLE DE BAINS

le shampooing

le savon

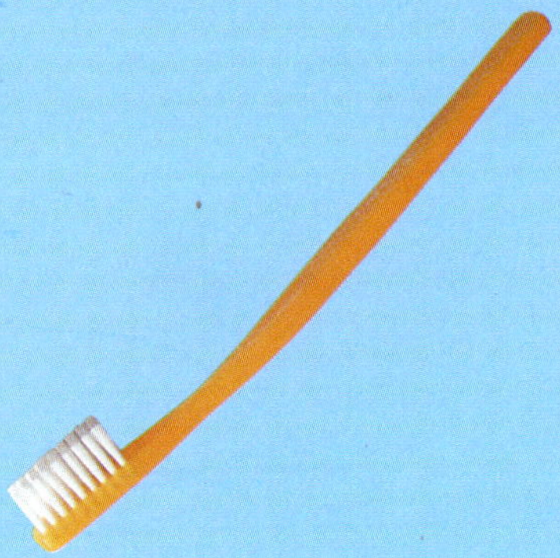

la brosse à dents

le dentifrice

Quelle brosse
utilise-t-on
pour les cheveux ?

la brosse à cheveux

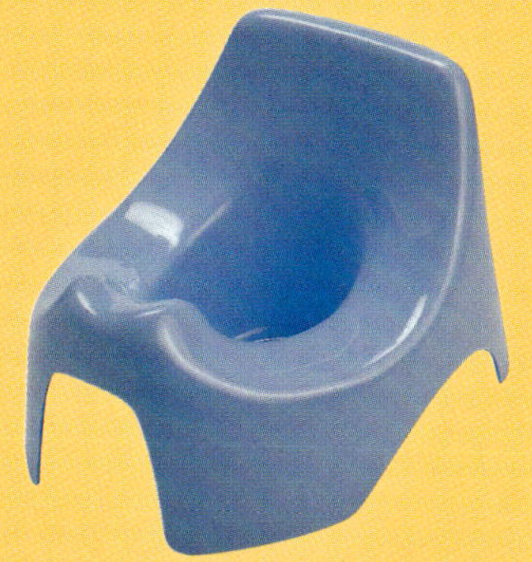

le pot

le gant de toilette

la serviette
de toilette

AU SALON

Comment la petite fille allume-t-elle la télévision ?

le canapé

le fauteuil

la télévision

la plante verte

AU SALON

Regarde bien
ces deux livres
et montre le plus épais.

Où range-t-on les livres ?

la chaîne hi-fi

le disque compact

la bibliothèque

le livre

le journal

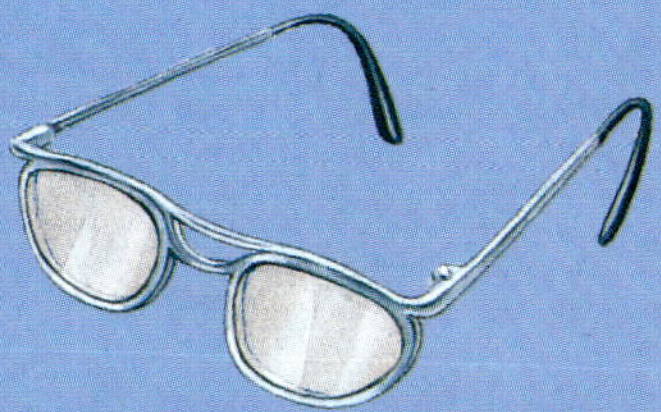

les lunettes

le téléphone

l'ordinateur

DANS LA CHAMBRE

Comment s'appellent les deux objets posés sur la table de chevet ?

le lit

le réveil

la lampe

la table de chevet

Qu'est-ce qui est posé
sur la commode ?

Qu'y a-t-il sous
la commode ?

la commode

l'armoire

le bureau

le radiateur

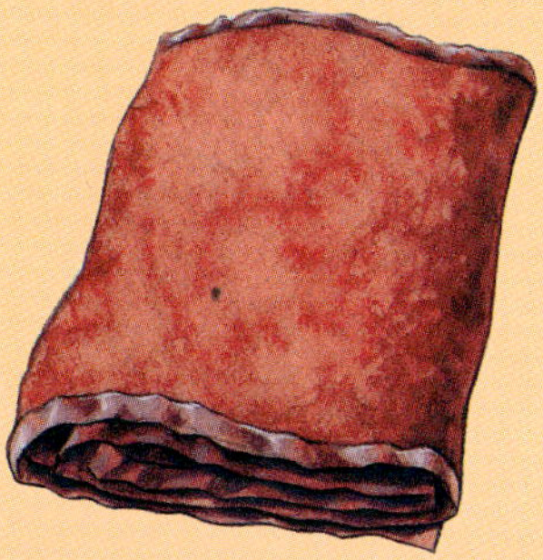

la couverture

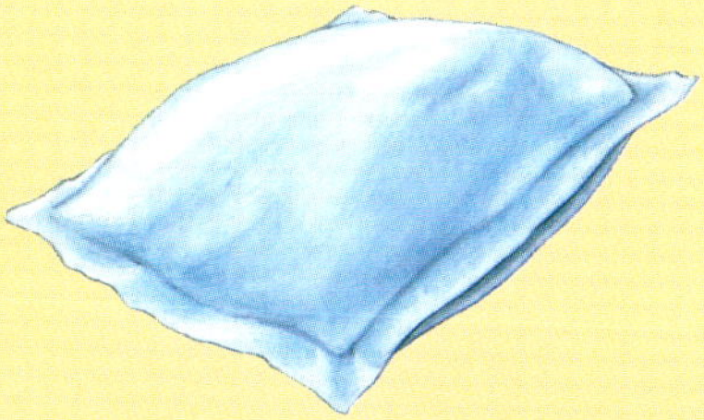

l'oreiller

la couette

le drap

DES VÊTEMENTS POUR LA NUIT

De quelles couleurs est la robe de chambre du petit garçon ?

la robe de chambre

la chemise de nuit

le pyjama

les chaussons

DES VÊTEMENTS POUR TOUS LES JOURS

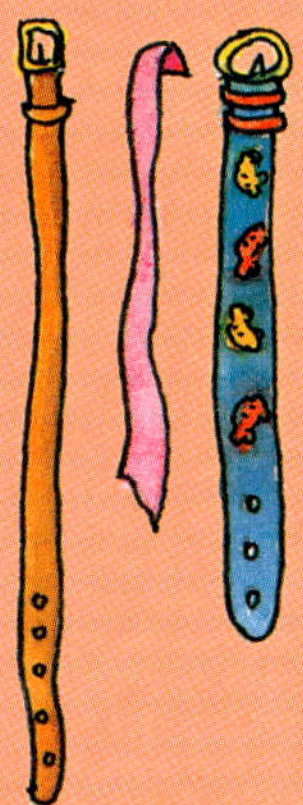

Montre la ceinture
la plus longue ;
et la plus courte.

la culotte

le slip

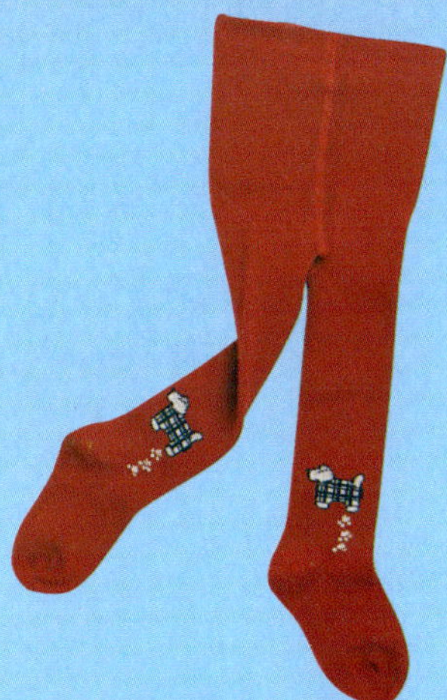

les collants

les chaussures

la ceinture

le pantalon

la robe

la jupe

DES VÊTEMENTS POUR LE FROID

Montre dans la grande image les enfants qui portent un manteau,
et ceux qui portent un anorak.

le manteau

l'anorak

le bonnet

l'écharpe

Turlututu
Chapeau pointu,
Tontaine tonton
Bonnet de coton,
Tonton tontaine
Béret de laine,
Tralalala
Chapeau de drap.
Qui s'y collera ?

DES VÊTEMENTS POUR LE FROID ET LA PLUIE

la chemise

les chaussettes

le pull-over

le gilet

le ciré

les bottes

les gants

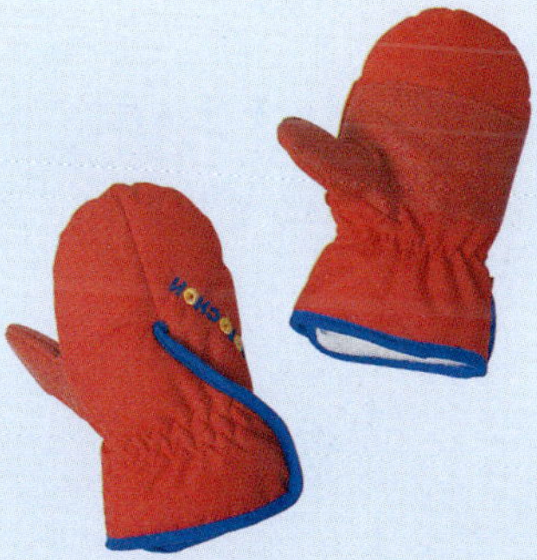

les moufles

DES VÊTEMENTS POUR L'ÉTÉ

Regarde bien l'image et montre la personne qui porte un maillot vert.

le maillot de bain

le short

le tee-shirt

les sandales

DES VÊTEMENTS POUR L'ÉTÉ

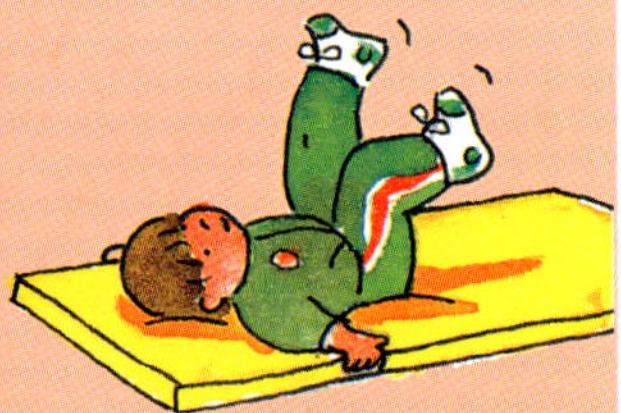

Montre dans la page
les vêtements
à manches longues.

Vois-tu un vêtement
à manches courtes
sur cette page ?

le survêtement

les tennis

le sweat-shirt

le polo

la casquette

le jean

le bermuda

la salopette

Jouer à la maison

Montre le pot de pâte à modeler bleue et le pot de pâte à modeler rouge.

la poupée

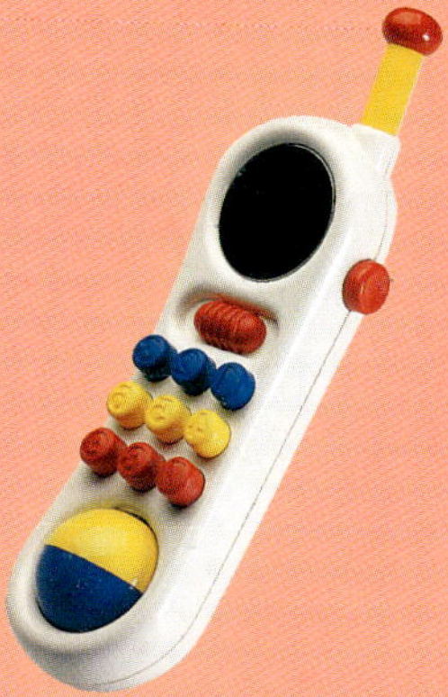

le téléphone

la marionnette

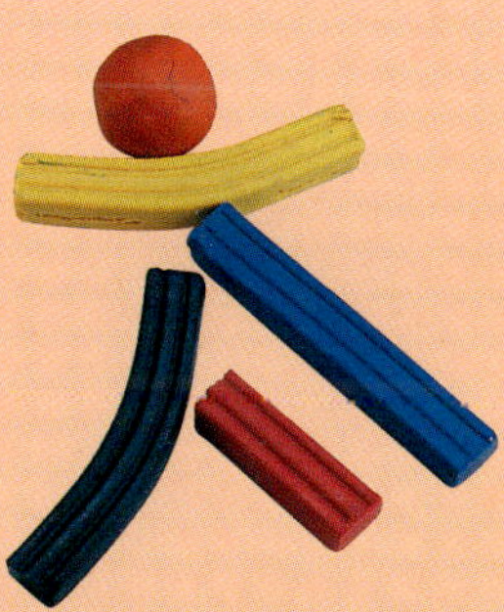

la pâte à modeler

Ainsi font, font, font
Les petites marionnettes,
Ainsi font, font, font
Trois p'tits tours
et puis s'en vont.

Les mains aux côtés,
Sautez, sautez,
marionnettes,
Les mains aux côtés,
Marionnettes,
commencez.

JOUER À LA MAISON

le magnétophone

la cassette

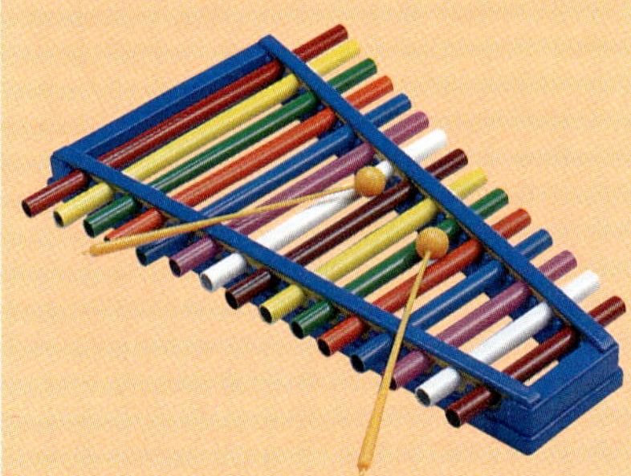

le xylophone

le tambour

Où met-on la cassette pour l'écouter ?

le train

les billes

la boîte de peinture

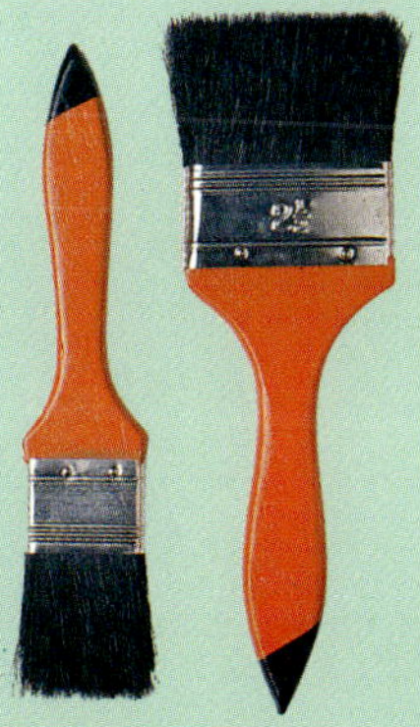

les pinceaux

JOUER À LA MAISON

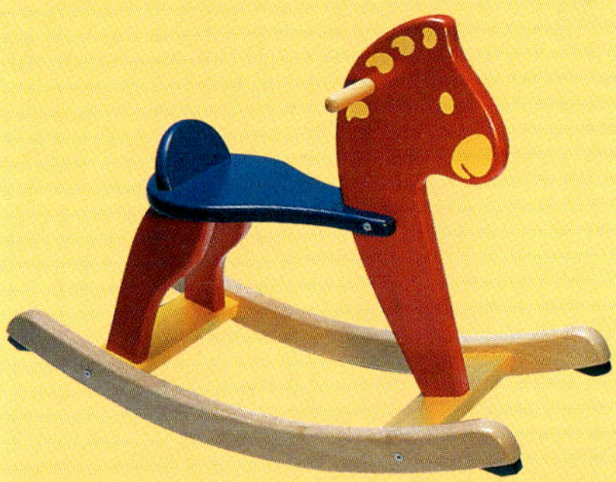

le cheval à bascule

le jouet à tirer

la marchande

l'album

Montre dans la page le jouet que l'on tire avec une ficelle ?

les cubes

le jeu
de construction

les crayons
de couleur

le déguisement

JOUER AU JARDIN PUBLIC

Regarde bien l'image. Combien y a-t-il de bateaux sur l'eau du bassin ?

le seau

la pelle

le bateau

le ballon

Jouer au jardin public

De quelle couleur est le tee-shirt de la petite fille qui fait du patin à roulettes ?

le tricycle

les patins
à roulettes

le toboggan

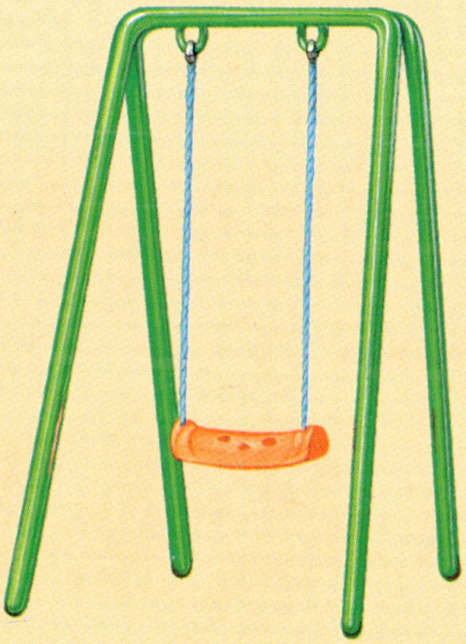

la balançoire

DANS LA RUE

Combien y a-t-il de voitures dans la rue ?

la bicyclette

l'autobus

le camion

la voiture

LES COURSES AU MARCHÉ

Montre dans la page tous les légumes verts.

le haricot

les petits pois

le concombre

le citron

LES COURSES AU MARCHÉ

la carotte

la banane

la fraise

la cerise

Montre dans la page
les fruits rouges.

Il y a un seul légume
sur cette page.
Peux-tu le montrer
et le nommer ?

le melon

l'ananas

la mandarine

le raisin

Un, deux, trois,
Allons dans les bois,
Quatre, cinq, six,
Cueillir des cerises,
Sept, huit, neuf,
Dans mon panier neuf,
Dix, onze, douze,
Elles seront toutes rouges.

LES COURSES AU MARCHÉ

Sais-tu avec quel légume on fait les frites et la purée ?

la pomme

l'abricot

la poire

l'orange

la pêche

le poivron

la tomate

la pomme de terre

Pomme de reinette
et pomme d'api,
Tapis tapis rouge,
Pomme de reinette
et pomme d'api,
Tapis tapis gris.

Pomme, pêche, poire,
abricot,
Y'en a une, y'en a une.
Pomme, pêche, poire,
abricot,
Y'en a une de trop !

LES COURSES AU MARCHÉ

Qu'achète-t-on chez le boucher ?

Montre dans la page ce qu'on peut acheter chez le boulanger.

le poisson

les fromages

le poulet

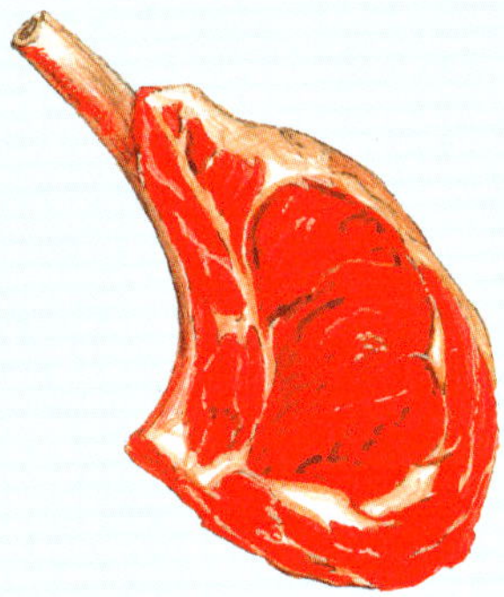

la viande

LA BOULANGERIE

le pain

la glace

le croissant

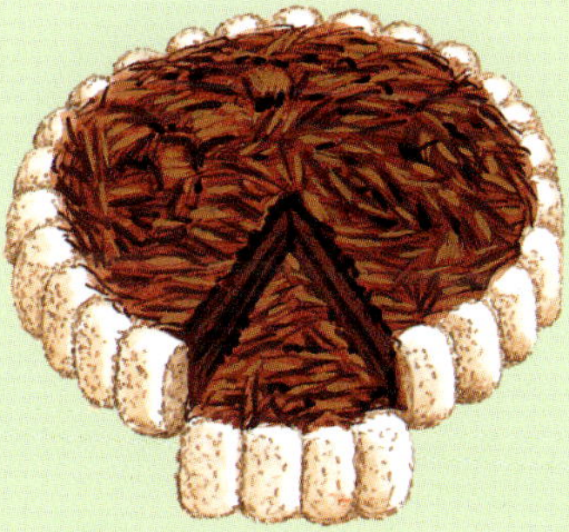

le gâteau

Dansons la capucine,
Y'a plus de pain
chez nous,
Y'en a chez la voisine,
Mais ce n'est pas
pour nous.
You !

À la vanille,
C'est pour les filles.
Et au citron
Pour les garçons.

LES COURSES AU SUPERMARCHÉ

Combien y a-t-il de caisses dans le supermarché ?

le chariot
à provisions

le porte-monnaie

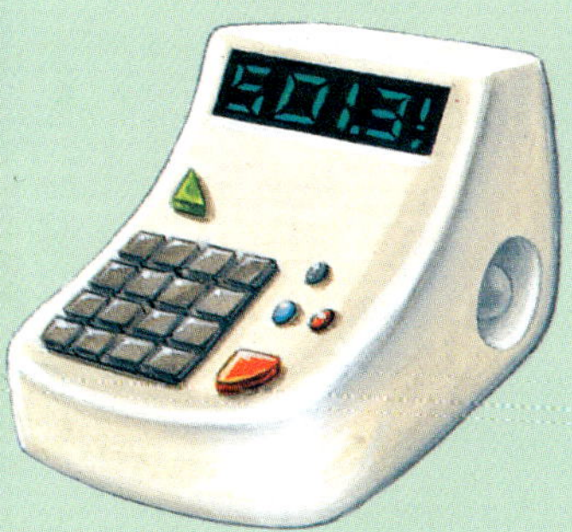

la caisse

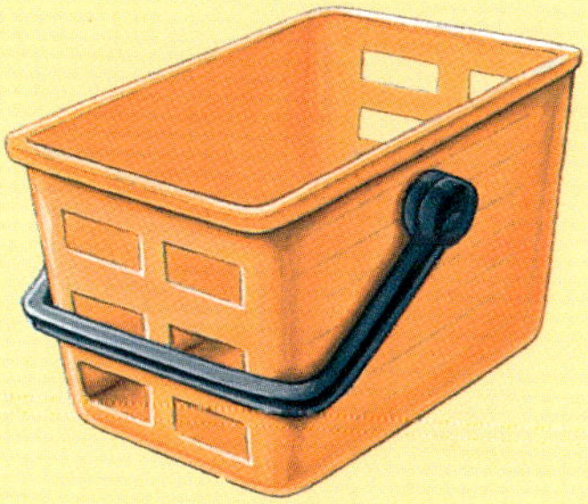

le panier

LES COURSES AU SUPERMARCHÉ

Quels noms de pâtes connais-tu ?

la farine

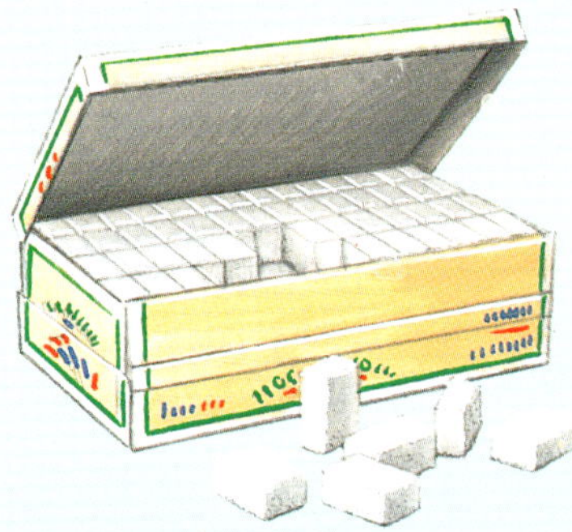

le sucre

le lait

les céréales

le beurre

le yaourt

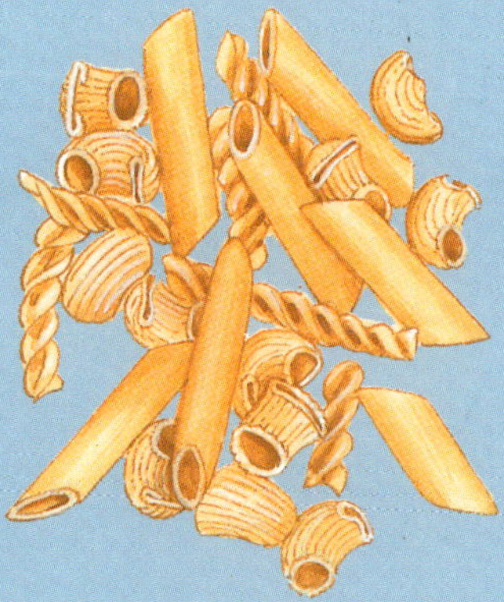

les pâtes

le riz

J'*aime la galette,*
Savez-vous comment ?
Quand elle est bien faite
Avec du beurre dedans
Tralalalalalalalalère
Tralalalalalalalala.

LES COURSES AU SUPERMARCHÉ

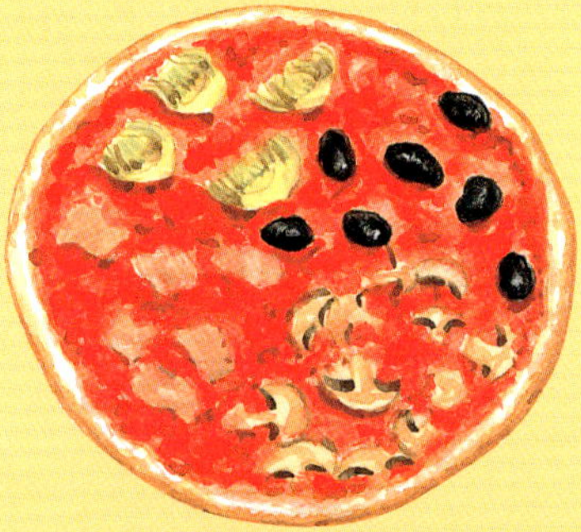

la pizza

l'œuf

le jus de fruit

le café

la confiture

le chocolat

les biscuits

les bonbons

Un, deux
J'ai pondu deux œufs
Dit la poule bleue

Un, deux, trois
J'en ai pondu trois
A répondu l'oie

Cinq, six, sept
J'en ai pondu sept
Répond la poulette

Huit et neuf
Qu'il est beau mon œuf !

DANS LE JARDIN

la tondeuse

le râteau

l'arrosoir

la brouette

la coccinelle

l'escargot

le papillon

l'oiseau

***F**ais pipi*
Sur l'gazon
Pour attraper
Les coccinelles
Fais pipi
Sur l'gazon
Pour attraper
Les papillons.

À LA FERME

Combien la chatte a-t-elle de chatons ?

le tracteur

le lapin

le chat

le chien

À LA FERME

Regarde bien
ces silhouettes
d'animaux et trouve
à quel animal de la page
chacune correspond.

le cheval

l'âne

le mouton

la chèvre

le poussin

la poule

la vache

le coq

Une poule sur un mur
Qui picote du pain dur
Picoti Picota
Lèv' la queue
et puis s'en va.

le cochon

le canard

l'oie

le dindon

Comment s'appelle
l'insecte jaune
et noir qui pique ?

la guêpe

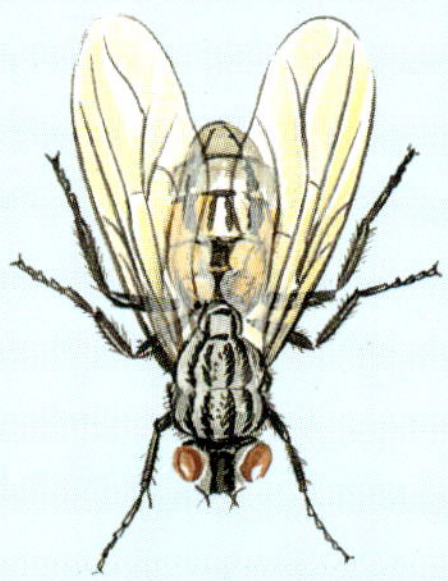

la mouche

la fourmi

l'araignée

***A**raignée du matin*
Chagrin.
Araignée du soir
Espoir.

Au zoo

Peux-tu montrer le guichet où la file d'attente est la plus longue ?

le panda

le koala

le toucan

le perroquet

AU ZOO

le lion

le tigre

le zèbre

la girafe

Peux-tu montrer et nommer les animaux à rayures ?

Montre dans la page les animaux qui vivent dans l'eau.

le morse

le dauphin

la baleine

le manchot

La baleine qui tourne,
qui vire
Dans son joli petit navire
Elle a tant tourné,
tant viré
Que le navire a chaviré.

AU ZOO

le kangourou

le singe

la gazelle

l'autruche

Comment s'appelle l'animal qui a une grande corne sur le museau ?

le rhinocéros

l'éléphant

l'hippopotame

le crocodile

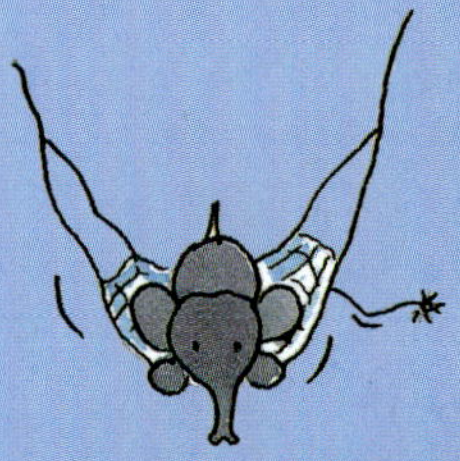

Un éléphant se balançait
Sur une toile d'araignée
Il y trouva
tant d'agrément
Qu'il alla chercher
un deuxième éléphant.

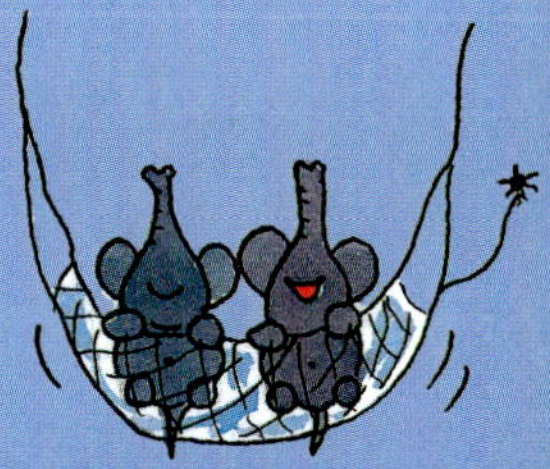

Regarde bien
ces silhouettes et dis
à quels animaux elles
appartiennent.

Comment s'appelle
le petit de la biche
et du cerf ?

le cerf

le faon

le sanglier

la biche

le renard

le hibou

le loup

l'ours brun

Dans la forêt lointaine
On entend le coucou.
Du haut de
son grand chêne
Il répond au hibou :
Coucou, coucou,
On entend le coucou.

INDEX